Grün

33 Gedichte über die Natur, die Berge und wie wir unser Leben bereichern können.

Carsten Richter

Grün

33 Gedichte über die Natur, die Berge und wie wir unser Leben bereichern können.

Wenn wir etwas machen wollen, dann sollten wir es auch tun.

Carsten Richter

Die Deutsche Nationalbibliothek verzeichnet diese Publikation in der Deutschen Nationalbibliografie; detaillierte bibliografische Daten sind im Internet über http://dnb.dnb.de abrufbar.

© 2014 Carsten Richter

Illustration: Carsten Richter

Herstellung und Verlag: BoD – Books on Demand, Norderstedt

ISBN: 9783732294121

Inhaltsverzeichnis:

Vorwort

Gedicht (1): Stille

Gedicht (2): Einsamkeit

Gedicht (3): Glück

Gedicht (4): Geborgenheit

Gedicht (5): Leben

Gedicht (6): Der wahre Traum

Gedicht (7): Der Verstand

Gedicht (8): Der Platz

Gedicht (9): Erwachen

Gedicht (10): der Himmel

Gedicht (11): Gewitter

Gedicht (12): Die Alm

Gedicht (13): Bergsee

Gedicht (14): Schneefeld

Gedicht (15): Feuer

Gedicht (16): Berg auf

Gedicht (17): Geröllfeld

Gedicht (18): Gipfel

Gedicht (19): Nur ein Weg

Gedicht: (20): Freude

Gedicht (21): Ameisen

Gedicht (22): Nebel

Gedicht (23): Das Tal

Gedicht (24): Phantasie

Gedicht (25): Aufgaben

Gedicht (26): Das Leben

Gedicht (27): Ein schöner Tag

Gedicht (28): Der Schlaf

Gedicht (29): Berghütte

Gedicht (30): Einfach machen

Gedicht (31): Zufriedenheit

*Gedicht (32): **Gefühl***

*Gedicht (33): **Abenteuer***

Vorwort

Die Natur kann uns sehr viel geben. Erlebnisse, Erfahrungen, Einblicke und Verständnis für uns selbst und unsere Welt kommen im Alltag oft zu kurz.
Selten geht es bei unseren Aktivitäten um unsere eigenen Belange und um uns selbst als Person. Oft stellen wir uns die Frage über den Sinn unseres Handelns und den Zweck des Daseins. Das Thema Glück und glücklich sein ist weit verbreitet und wird zumeist ausgiebig analysiert. Die Methoden dies zu erfahren werden erörtert.
Glück und Sinn des Daseins sind sehr eng miteinander verflochten. Wir sollten uns nicht täglich über uns und unsere Taten Gedanken machen. Stattdessen sollten wir einfach Dinge tun, welche uns glücklich machen und in jenen wir uns bestätigen können. Dies sind in erster Linie Handlungen, welche sich auf uns als Person beziehen. Erlebnisse, welche wir mit unseren Mitteln beeinflussen können. Schlussendlich geht es darum mit den eigenen Fähigkeiten Abenteuer zu erleben und mit diesen die eigenen Fähigkeiten auszubauen. Daraus entstehen Eindrücke, Erfahrungen und Wissen, auf welche wir einfach stolz sein können. Weil wir uns diese selbst erschaffen und schlussendlich auch gemeistert haben. Sich selbst an die Grenze zu bringen, Mittel und Wege für Lösungen von Problemen zu kreieren, das sind wahre Errungenschaften in unserer Lebenszeit.
Außerdem ist die Schönheit von Wäldern und Natur ein ganz besonderer Genuss. Wir werden für Anstrengungen und Durchhaltevermögen meistens mit Eindrücken belohnt, welche ein ganz besonderes Gefühl vermitteln. Die Kombination aus Anforderung an sich selbst und dem Genuss des Zieles stellt eine überwältigende Befriedigung von Körper und Geist dar.

Die Gedichte in diesem Buch vermitteln auf ihre Weise Eindrücke und die Wirkung der Erfahrungen im Umgang mit der

Natur. Sie geben Anreiz für neue Abenteuer und vermitteln die einfache Schönheit, welche uns die Berge und Wälder in voller Pracht geben. So manchen Leser werden sie sicherlich auch ambitionieren einfach mal los zu ziehen und fernab des Alltags das Leben zu erfahren. Egal ob Sie als Leser Anreize suchen die Natur zu erforschen, oder bereits tief in der Leidenschaft der Freiheit stecken. Sie werden auf den folgenden Seiten Bestätigungen ihrer Erfahrungen entdecken. Oder Sie werden Auslöser für einen neuen Lebensabschnitt finden.

„Vorsicht ist die Einstellung, die das Leben sicherer Macht. Aber selten glücklich!"
Zitat: Samuel Johnson (18.09.1709 – 13.12.1784)

Mit diesem Zitat möchte ich sie auffordern über Ihren Schatten zu springen und Dinge, welche sie gern tun möchten, auch zu tun. Sie werden erstaunt sein, was sie alles schaffen können und welche Probleme sie zu bewältigen vermögen.

Stille

Im Walde stehend, allein und in Ruh,
man hört nur der Stille zu.
Die Augen geschlossen, den Geist entleert,
auf diesem Wege man Besond'res erfährt.

Beginnend vom Körper, der eigenen Welt,
neue Energie er dadurch erhält.
Die Hülle des Geistes mit Stärke durchdringt,
Ein Gefühl des Schwebens im Innern beginnt.
Eine Loslösung von Spannung, Gewicht und Schwere,
ein Eindringen in Freiheit, unendliche Leere.

Gedanken entfern sich, der Kopf frei und leicht,
im Geiste die Mitte schon fast erreicht.
Die innere Stimme, geführt von Planung,
sie verstummt in der Tiefe und hat keine Ahnung.

Die Zeit vergeht weiter, was man nicht fühlt,
das Leben bleibt stehend, ist wie abgekühlt.
Im Laufe jetzt ruhend, die Schritte sind klein,
ein Leben im Moment, ein Leben im rein'.

Die Freiheit erkunden, so entfaltet sie sich,
das Entdecken und Dasein ist einfach ehrlich.
Kein Täuschen, kein Lügen, kein Egoismus hat Platz,
ein unbeschreiblich sensibler und wertvoller Schatz.

Die Stille des Waldes, des Lebens auf Erden,
sie kann zum Inhalt des Daseins werden.
Nur wer sich loslöst vom Zwang seiner Pläne,
der erfährt Freiheit, wonach jeder sich sehne.

Nur ein Weg

Ein Weg entlang dem Waldesrand,
so ruhig, so still und so verkannt.
Er bietet keine Attraktionen,
auch kein zivilisiertes Wohnen.
Keine Läden, man bekommt nichts für Geld,
er trennt einfach nur den Wald vom Feld.

In der Nacht sieht man ihn nicht,
ihm fehlt ja jede Art von Licht.
Die einzigen Quellen, die es gibt,
sind Mond und Sonne, wo er im Hellen liegt.

Dieser Weg zeigt weder Reichtum oder Macht,
jeder ist gleich, ob er träumt oder auch wacht.
Der Mensch, er ist geprägt von Leistungen,
von Stress, von fremden Meinungen.
sein Leben fest auf Planung aus.
Die Zukunft! Was wird wohl daraus?

Doch einmal diesen Weg gegangen,
ihn gefühlt und Ruhe erlangen.
Das Gefühl - es zeigte sich,
die Freiheit! – die ist wesentlich.
Der Alltag scheint uns ganz normal,
doch der Weg zeigt Leben, du hast die Wahl.

Einsamkeit

Ein Mensch, für sich im Wald allein,
was war, was kommt – alles ist sein.
Er geht, entscheidet frei im Willen,
was er tut und denkt, allein im Stillen.
Keine Beschränkung, kein Kompromiss,
alles kommt so wie es is'.

Die Natur ermöglicht Einsamkeit,
und dies verleiht ihm Freiheit.
Freiheit zu tun und zu denken,
Freiheit seinen Weg zu lenken.
Freiheit zu leben wo er grad ist,
ohne dass er Gesellschaft vermisst.

Diese Art der Einsamkeit,
ist die wohl wertvollste Zeit.
Auf diesem Pfad erfährt er viel,
vor allem auch sein eigenes Ziel.
Was er will, wohin er geht,
was seinem Glück im Wege steht.

Fernsehen, Medien – was ihn geistig hemmt,
sein Kopf dies von der Seele stemmt.
Dies schafft er nur in Einsamkeit,
sie macht ihn für sein Leben bereit.

Der Weg zum Ausgleich und zum Glück,
zur eigenen Mitte, es ist ein Stück.
Diesen Weg geht er allein,
so ist es richtig und so muss es sein.
Am Ende wird er sehr glücklich,
denn was er entdeckt ist nur für sich.

Glück

Was braucht ein Mensch in seinem Leben?
Was ist wichtig – muss ihn umgeben?
Glück und Freude, so mag es sein,
beides macht die Seele rein.
Ein Leben glücklich zu gestalten,
leicht gesagt, schwer zu erhalten.

Ruhm und Ansehen, ein häufig' Ziel,
und gleichzeitig ein krankes Spiel.
Von fremden Meinungen abhängig zu sein,
dies macht kein Sinn – des Frustes Keim.

Reichtum! Geld! – welch großes Verlangen,
Doch die Menschlichkeit dabei vergangen.
Reichtum und Geld – wer dies anstrebt,
der meist zum Nachteil and'rer lebt.
Ein Lebensinhalt ist dies sicher nicht,
weil es nur Stress und Abhängigkeit verspricht.

Auch Freunde sollen zum Glück beitragen,
sie bauen auf – lauschen den Klagen.
Sie sind ein Rückhalt, das ist klar.
Des Glückes Keim? Das ist nicht wahr!

Glück entsteht durch freien Willen,
durch die Wahl allein im Stillen.
Wer eigene Entscheidungen trifft,
der steuert so, dass es dem Glücke hilft.
Im Leben ist dies nur selten möglich,
wahre Freiheit, im Alltag vergeblich.

Und die Natur? Sie zeigt beständig:
Im Wald, im Fels ist man lebendig.
Der freie Mensch, wo er geboren,
dort geht sein Geist auch nicht verloren.
Dort kommt er her, dort geht er hin,
in dieser Freiheit ergibt alles Sinn.

Essen, Trinken, Kleidung und Unterkunft,
das reicht zur geistigen Vernunft.
Frei von Sorgen, frei von Zwängen,
frei von Regeln, die beengen.
Dort findet er die wahre Freiheit,
allein und in Geselligkeit.

Geborgenheit

Geborgenheit – wie schön das ist.
Ein Gefühl was so mancher mal vermisst.
Was ist es, was uns dieses gibt?
Und warum ist es so beliebt?

Geborgenheit gibt Rückhalt pur,
wo finden wir dies heute nur?
Geborgenheit gibt auch Vertrauen,
doch wie könn' wir diese denn erbauen?
Geborgenheit weckt Schaffenskraft,
doch wie wird sie denn nun erschafft?

Geborgenheit braucht jung und alt,
ohne sie verliert das Leben schnell an Halt.
Tief im Herz ein Ziel von jedermann,
die Frage nun: Wie man's erreichen kann?

Wichtig ist, das muss man wissen,
Verlass auf's Umfeld darf man nicht missen.
Was uns umgibt, muss frei von Lüge sein,
Ehrlichkeit ist ein Grundstein.
Auch Egoismus darf sich nicht prägen,
der Altruist, er ist ein Segen.
Zu wissen, dass das Umfeld Gutes will,
schlechte Gedanken sind dann ganz still.

Wo gibt es solch ein Leben nur?
Alles bietet uns die Natur.
Der Wald, er fördert alles Leben,
man muss sich tief hinein begeben.
Vertraut am Abend wirkt die Dunkelheit,
egal ob's regnet oder schneit.

Die Echtheit und das klare Wesen,
so ist's im Wald immer gewesen.
Der Mensch, er weiß woran er ist,
und dass er sein Ursprung nicht vergisst.
Denn wir entstanden in dieser Natur,
somit gibt sie uns die vertraute Spur.

Leben

Der Mensch, er spricht so oft vom Leben,
vom Genießen – nach dem Glücke streben.
Er schwärmt von Freiheit, hinterfragt sein Jetzt,
der Weg des Lebens scheint zersetzt.
Was treibt ihn zu den tiefen Fragen?
Was will er sich nur damit sagen?

Der geistig reiche Mensch, er spürt,
dass die Menschheit ihre Spur verliert.
Ein Weg zu gehen, gemeinsam zu sein,
ins Bewusstsein passt so was nicht rein.
Und Wenige, die danach streben,
Steine wirft der Rest ins Leben.

Die Frage was nun Leben ist,
wo der Mensch die Freude nicht misst.
Es ist die Zeit der freien Wahl,
der eigenen Entscheidung fernab jeglicher Qual.
Leben heißt frei zu entscheiden,
die Meinung anderer möglichst zu meiden.

Wo ist die Welt in der dies möglich ist,
wo du als Mensch frei im Denken bist?
Es ist dort, wo die Menschen nicht sind,
in der wilden Natur, wo der freie Wille beginnt.
Der klassische Mensch, im Leben kein Platz,
drum kann er nicht finden den „einzigen Schatz".
Von den Wurzeln entfremdet, im Geiste erblindet,
zurück zur Natur, wo man Antworten findet.

Der wahre Traum

Wenn wir andere nach ihren Träumen fragen,
was werden uns diese Leute sagen?
So mancher träumt vom schnellen Geld,
weil ihm Unabhängigkeit so sehr gefällt.

Ein anderer träumt sehr viel vom Siegen,
er will die Anerkennung kriegen.
Mancher will einfach, dass jemand ihn mag,
nur diese Zuneigung macht diesen stark.

Viele Träume sind nur Phantasie,
ein Großteil davon erfüllt sich wohl nie.
Das Problem dieser Träume, es ist schnell erkannt,
es sind unreale Wünsche aus unserem Verstand.

Ein echter Traum, der wirklich glücklich macht,
bei welchem das Herz von Tiefe her lacht.
Ein solcher Traum kann nur durch ein' erfüllt werden,
durch den Träumer selbst, der einzige auf Erden.
Bevor der Mensch nach Traumerfüllung strebt,
muss er lernen wovon ein Traum lebt.

Um dies zu erkennen sollt' jeder für sich,
fühlen und spüren wann er wird glücklich.
Um zu wissen was diese Freude ist,
muss man sie erleben, dass man es nicht vergisst.

Den Pfad dazu bietet uns die Natur,
ohne Druck von Stress durch die Uhr.
Frei von Zeit und anderen Zwängen,
kann der Geist hier frei durchhängen.
Die Seele besinnt sich auf die wichtigen Dinge,
sie entzieht sich aus der alltäglichen Schlinge.
Dadurch wird sie endlich frei,
sie erfährt wobei sie glücklich sei.

Der Verstand

Fragen zum Leben, zum Tod und zum Sein,
viele Gedanken uns Erkenntnis verleih'n.
Solch philosophische Themen, welch bedeutendes Gut,
sie zu erforschen bringt Weisheit, braucht Mut.

Wissenschaften erkunden und sie zu verstehen,
dadurch können Menschen neue Wege gehen.
Unser Verstand: Einzigartig! Belebt!
Doch es gibt Vieles woran er vergeht.

Die Medien, ein Einfluss so mächtig und fest,
auf diese Art kein Denken zulässt.
Der gesteuerte Mensch, auf Profit und Vergleich,
die Kreativität wird dabei ganz bleich.
Die tägliche Arbeit, monoton und bestimmend,
das Selbst des Menschen immer weniger glimmend.
Die Teile des Alltags, mit Schrecken erkannt,
sie stumpfen ihn ab, blockieren den Verstand.

Ein Ausbruch daraus ist vorprogrammiert,
aber wie, ohne dass man alles verliert?
Innere Ruhe und Abgeschiedenheit,
ein Mittel, das Kraft zum Denken verleiht.
Dazu muss der Mensch sich nur finden.
Seine Wurzeln, er muss sich dazu überwinden.
Die Zeit zu nutzen für das eigene Wesen,
in Ruhe zu sein, zu träum und zu lesen.
Der Weg zur Natur, so einfach und echt,
er stärkt dem Geist und gibt dem Leben recht.

Der Platz

Ein weiter Weg ist überwunden,
jetzt gilt's das Umfeld zu erkunden.
Die Suche hier im weiten Wald,
sie sollte gelingen, es dämmert bald.
Erschöpft vom Wandern im leichten Regen,
ein schöner Platz wäre nun ein Segen.

Was sollt er haben? Was zählt für mich?
Etwas versteckt, das ist wichtig.
Leicht unter Bäumen, vom Wege entfernt,
wegen Regen erhöht, das hab ich gelernt.
Ein Schutz nach oben wäre auch schön,
damit die Tropfen zur Seite abgeh'n.
Ein ebner Boden, das würde mir gefallen,
denn ein ruhiger Schlaf ist das Wichtigste von Allem.

Einige Schritte vom Wege gelegen,
eine ebene Stelle, recht trocken trotz Regen.
Auf wenige Meter so schön freier Platz,
bedeckt mit Tannnadeln, welch toller Ersatz.
Sehr weich und wärmend, wie traumhaft es ist,
Beim Schlafen darauf man alles vergisst.
Umgeben von Bäumen, von mittlerer Größe,
ich mich von der restlichen Umwelt erlöse.
Und eine Stelle, sie passt einwandfrei,
Für Kocher und Feuer, habe alles dabei.

So kann der Tag in Ruhe ausklingen.
Das Leben genießen! So kann es gelingen.
Für den heutigen Abend ist dies mein Platz allein,
hier kann ich träumen, hier kann ich sein.

Erwachen

Die Augen gehen auf, schwer und bedacht,
was mich umgibt ist die pechschwarze Nacht.
Kein einziges Licht, kein schwaches Leuchten,
nichts was meine Augen zum sehen bräuchten.

Der Himmel bewölkt, es gibt nicht ein Stern,
die Hand vor den Augen, so nah und doch fern.
So gibt's keine Quelle die Licht bringen könnt,
jegliches Sehen ist mir vergönnt.

Ein solches Gefühl, das kennt der Mensch nicht,
im Alltag umgeben vom künstlichen Licht.
Ich schließe die Augen und lausche gespannt,
ich höre den Wald, er ist nun erkannt.

Der Strauch im Winde wehend am Geäst leicht streift,
der Ast vom Baum den Zeltstoff ergreift.
Etwas ferner ein Stein; der den Hang herab rollt.
Er nimmt an Fahrt zu, wie er dabei grollt.
Ein knacken beim Baum, was war dies denn nur?
Es ist wohl gewesen ein Kind der Natur.

So lausch ich den Klängen erlöst vom Sehen,
es ist ein Wunder, was wir sonst nicht wahrnehmen.
Einmal erlebt, dann wirkt er vertraut,
wir können ihn verstehen, jeden einzelnen Laut.

Jetzt schließ ich die Augen und schlaf wieder ein,
ein paar Stunden dunkel wird es noch sein.
Wenige Minuten werde ich noch lauschen.
Diese Ruhe, mit nix würde ich tauschen.

Der Himmel

Die Sonne erloschen, die Nacht hereinbricht,
doch in ganz milder Form zeigt sich weiterhin Licht.
Ist die Nacht wolkenlos, mit freier Sicht rein,
wird dort am Himmel was Traumhaftes sein.

Die Schönheit, der Glanz, von jedem einzelnen Stern,
die Empfindung so nah, doch er ist so fern.
Jeder der Sterne hat eine Geschichte für sich,
wir bewundern ihn gern, doch kennen sie nich'.
Wir denken und träumen und stellen uns vor,
wie jeder der Sterne bildet seine Natur.
Jeder ist anders, in Größe und Form,
und mancher geht mit der Zeit auch verlor'n.
Durch Ferne und Dauer merken wir nicht,
wenn eines der Leben am Himmel erlischt.

In Ruhe stehend des Nachts im Wald,
mit freiem Blick auf die Himmelsgestalt.
Umgeben von Dunkelheit, vom Glanze der Nacht,
da haben die Sterne was Schönes vollbracht.
Sie zaubern mit Leuchten und ihrer Magie;
ein Element der Natur, die Phantasie.
Einmal sehen und diesen Anblick genießen,
Freude und Ewigkeit wird immer sprießen.

Der Mensch kann besinnen, kann Wunder erleben,
so etwas kann es kein zweites Mal geben.
Ein schwarzer Himmel, in Licht gehüllt,
nur von den Sternen, ein Traum sich erfüllt.
Mit Traum ist gemeint Ruhe zu erhalten,
gemeinsam mit Sternen, mit neuen und alten.

Gewitter

Seit früh unterwegs, die Kraft geht zur neige,
angekommen am Fels, vor dem ich mich verneige.
Groß und massiv, was für eine Gestalt,
jedes Geräusch mit Wucht zurück hallt.
Der Platz ist felsig, für mein Zelt nicht so fein,
doch weiter geht's nicht, zu erschöpft in den Bein'.
Das nächtliche Lager, die Stelle muss reichen,
so manche Erwartungen müssen nun weichen.
Noch etwas gegessen, das Zelt schnell erbaut,
es wird langsam dunkel, auf einmal wird's laut!

Ich seh' rauf zum Himmel, trau meinem Blick nicht,
ein Blitz in der Ferne, Tropfen fallen ins Gesicht.
In den Bergen, es ist wohl bekannt,
Wetterumschwünge haben bestand.

Ausrüstung und alles schnell wasserdicht räumen,
den Schutz der Kleidung niemals versäumen.
Jetzt heißt es warten, hoffen und sehen,
vielleicht wird das Unwetter schnell vorbei gehen.

Mit diesem Gedanken schallt es massiv,
der mächtige Donner, er brüllt kräftig und tief.
Zeitgleich zackt ein Blitz den Himmel entlang,
riesig und weit, im Berge verfang'.
Ein weiteres Leuchten, es folgt kurz darauf,
der Horizont im Lichte, wo ich morgen hin lauf.
Der gewaltige Donner folgt unmittelbar,
Der Schall durch den Fels, so mächtig und stark.

Ich öffne das Zelt, ich will nur mal sehen,
wie die Mächte des Himmels durch die Berge gehen.
Die Blitze elegant wie das Schlangentier,
sie bewegen sich schnell, direkt über mir.
Sie wirken hart und unglaublich stark,
durch Ecken und Kanten jeglicher Art.

Die riesigen Wolken, wie sie alles belagern,
sie hängen in den Bergen, bleiben dort gern.
Der Regen fällt weiter mit riesiger Kraft,
das Wasser am Boden sich seinen Platz schafft.
Daneben der Donner, wie er durch die Berge hallt,
so unglaublich laut, so unglaublich schallt.

Ich schließe das Zelt, leg mich langsam hin,
und warte bis ich zu schlafen beginn.
Die Donner ertönen leiser, das Unwetter geht,
doch die ganze Nacht ein entferntes Rumoren besteht.
In der Ruhe der Nacht kann ich es noch hören,
doch nach dem Klang des Abends kann dies kaum noch stören.

Die Alm

Nach einem langen Abstieg, die Beine ganz weich,
seh' ich eine Wiese, verlass den Wald gleich.
Je näher ich komm, desto schöner wird sie,
diese erlösende Wirkung vergesse ich nie.
Eigentlich ist das Ziel noch gar nicht erreicht,
doch dieser Anblick dem Paradies gleicht.
Ich komm von ganz oben, durch Schotter und Stein,
dann sehe ich die Wiese, hier will ich sein.

Am Waldesrand stehend geh ich den Schritt,
er führt auf das Grün, welch weicher Tritt.
Allein schon die Füße, sie danken es mir,
ein Ort voll Genuss, den hab ich hier.
Die Sonne tief stehend, strahlt das Grün an,
die Freude gibt Kraft; und die treibt mich an.

Langsam genießend überquer ich das Graß,
dann hör ich ein Tier: Was ist denn das?
Ich heb meinen Kopf und blicke umher,
ich sehe ein paar Kühe, sehr mächtig und schwer.
Ein Teil von ihnen liegt gemütlich entspannt,
paar andere finden mich ganz interessant.
Sie beobachten mich, ich sehe es genau,
wie stolz sie da stehen, unter'm Himmelblau.

Langsam und bedacht schreite ich nun voran,
die Wiese, das Land ziehen mich in ihr' Bann.
Ich sehe nun ein Haus, recht alt und aus Holz,
davor liegt ein Hund, er wacht dort ganz stolz.
Ich meide die Hütte, ich will doch nicht stören,
ich möchte nur dem Klang der Wiese zuhören.

Den Rucksack entfernt und bei Seite gelegt,
die Erschöpfung und Last ist wie weg gefegt.
Ich setze mich hin, trinke ein Schluck,
lehn mich zurück, dass ich zum Himmel guck.
Ich höre die Fliegen und spüre das Brummen,
wenn Käfer und Bienen an mir vorbei summen.
Das Geräusch ist so sanft, ich beginn leicht zu träumen,
mir fällt nun ein, darf den Abstieg nicht versäumen.

So lieg ich nun da und denk mir dabei,
ich bin im Entscheiden doch vollkommen frei.
Warum heut absteigen? Was drängt mich dazu?
hier ist's so schön, hier hab ich Ruh'.
Ich suche das Schöne, wo ich eben grad bin,
jetzt hier zu gehen macht für mich keinen Sinn.
Mein Körper, mein Geist, beide sagen es mir,
du kannst jetzt nicht gehen, schlaf heute Nacht hier.

Bergsee

Seit zwei Tagen bereits bin ich zügig auf Beinen,
Des Nachts zwar geschlafen, aber Luxus gab's keinen.
Wasser fand ich nur wenig für mich,
nach dem Kochen blieb nie was übrig.

Das Wandern war anstrengend und schweißtreibend,
der Mangel an Wasser im Geiste aufreibend.
Auch der Tag heut, er neigt sich dem Ende,
keine Spur von Wasser in diesem Gelände.

Viel hab ich nicht, ein viertel Liter wird es knapp sein,
für eine Suppe reicht's noch, mehr geht nicht rein.
Ein Fakt besteht, er trifft zu auf mich,
wenn Wasser nicht da ist, gibt's das Essen auch nicht.
Essen macht durstig, grad wenn's trocken ist,
mein Magen, mein Geist die Nahrung vermisst.

Doch was hilft es zu jammern, ich werd heut nix finden.
Hilft alles nix. Muss es überwinden!
Ein Stück geh ich noch und dann werd ich bleiben,
ich hoffe auf morgen, auf ein Ende vom Leiden.

Die letzte Kurve für heut, g'rad sehe ich sie,
auf einmal ein Anblick, ich fall auf die Knie!
Ein paar Meter vor mir erstreckt sich ein See,
auf der Karte ist keiner, was ich nicht versteh.
Vielleicht hab ich mich verlaufen oder die Karte stimmt nicht,
im Moment ist's egal, Freude steht im Gesicht.

Ich lauf zu dem See, ganz zügig und schnell,
auch Zeit ist genügend, es ist noch taghell.
Der Kleidung entledigt, vor Glück ich sing,
voll Eifer und Erleichterung ich in den See spring.
Klar ist es kalt, lang bleib ich nicht drin',
nur kurz nach Erfrischung; ist mir der Sinn.

Die Entscheidung ist klar, sie steht schon lang fest,
heut Nacht ist dies hier mein träumendes Nest.
Der Kocher, der heizt schon das Seewasser auf,
Nudeln gibt's heut, mit Soße darauf.
Den See zu finden, es war Zufall für mich,
heute Abend bin ich besonders glücklich.

Schneefeld

Die Baumgrenze bereits hinter mir gelassen,
Der Weg nun auf Geröll, ganz allein und verlassen.
Beschwerlich geht der Aufstieg voran,
ich fühl in den Beinen, dass ich bald nicht mehr kann.
Die letzte Etappe, sie liegt nun vor mir,
und als ich sie sehe, ich meine Entspannung verlier'.

Dies' steile Stück, bestimmt 200 Meter zu Fuß,
auch noch voller Eis und Schnee liegen muss.
Diese weiße Wand, sie zeigt kaum Spuren,
die gingen im Laufe der Tage verloren.
So kann ich nicht sehen oder irgendwie deuten,
wo die Stelle passiert wird von anderen Leuten.
Mit Skepsis und Vorsicht denk ich sogar:
„Ich bin wohl der Erste in diesem Jahr!"

Die Gefahren des Weges, sie sind schnell erkannt,
dem erfahrenen Wanderer sind sie bekannt.
Nicht zu wissen, was unter den Füßen ist,
viele Menschen werden dadurch schon vermisst.
Einbrechen geht schnell, mit Pech fällt man weit,
schwache Stellen und Löcher sind oft nur verschneit.
Wegrutschen und Fallen ist ein häufig' Problem,
dabei könnt sogar eine kleine Lawine abgeh'n.

Die Tücken des Weges, im Bewusstsein vorhanden,
langsam und ruhig setz ich ein Fuß von den and'ren.
Die Verfärbung im Schnee, mal dunkel, mal hell,
jetzt ruhig und bedacht und nicht hektisch und schnell.
Nach einem Teil des Weges wird es recht schwer,
ich vertrau der Trittsicherheit nicht mehr so sehr.

Kurz nach dem Gedanken, ich glaube es nicht,
ein Stück Schnee und Eis unter mir weg bricht.
Der Schock war groß, ich fiel auf das Eis,
ich muss aufhören zu rutschen, um jeden Preis.
Ein massiver Stein, er schaut leicht hervor,
genau in meinem Weg, welch Glück hab ich nur.
An ihm kann ich mich halten und kurz auch verschnaufen,
soll ich tatsächlich weiter hoch laufen?

Der Wille sagt: „Ja, ich will doch da rauf!"
Doch zu welchem Preis, vielleicht geh ich auch drauf?
Ich überleg und guck, versuch zu erkennen,
ist es machbar für mich da hoch zu rennen?
Die Grenzen zu wissen, die man selbst hat,
das ist wichtig; vor solch einer Tat.
Ich werd es nicht tun, muss den Anstieg auslassen,
die Trauer ist groß, wollt ihn nicht verpassen.

Feuer

Die Nacht; sie ist klar und sie ist kalt,
das Zittern des Körpers durch die Dunkelheit schallt.
Der Tag war aufreibend, es regnete leicht,
das Wasser hat meine Kleidung durchweicht.
Kälte und Nässe, dies sind die Gefahren,
vor diesen beiden sollte man sich bewahren.

Mein Ziel heut geschafft, weiter geht's nicht,
zumal in einer Stunde die Nacht herein bricht.
Etwas Holz gesammelt und das Zelt aufgebaut,
die Sachen noch wechseln, was Trockenes für die Haut.

Nun ist alles erledigt, die Entspannung beginnt,
nach einer wärmenden Quelle es mir nun sinnt.
Das Holz nun zerkleinern und geschützt hinlegen,
überall Nässe durch den ewigen Regen.
Das Holz gestapelt, die Flamme entzündet,
das Feuer sich langsam durch die Äste windet.

Ich rücke nah ran und fühle das Warme,
als erstes gewärmt sind meine Arme.
Das flackernde Strahlen des Feuers gibt Kraft,
der Körper entspannt, ich hab es geschafft.
Ich spüre ganz klar wie sich mein Blut aufheizt,
und jede Ecke meines Körpers bereist.

Im Gesicht ganz besonders, es ist wunderschön,
wie die Arme des Feuers in die Puren geh'n.
So sitz ich da und genieße es nur,
diese Quelle der Stärke, aus der Natur.

Berg auf!

Im Tal angekommen, mit Zug und dem Bus,
am späten Nachmittag ich noch starten muss.
Weit werd ich nicht kommen, der Tag war sehr lang,
nach zwölf Stunden Fahrt ist die Kraft leicht vergang'.
Ein paar hundert Meter geh ich in den Wald rein,
mein erstes Lager wird wohl hier sein.
Erstmal ankommen, reinfühlen und erkunden,
der Weg im Geiste geplant und gefunden.

Das Zelt nun errichtet und noch was gegessen,
dann etwas entspannen und keinesfalls stressen.
Die Sonne geht unter, die Nacht bricht herein.
Ich gehe nun schlafen. Erholt will ich sein.

Die Nacht durchgeschlafen und früh sanft erwacht,
fühl mich wie neu geboren, schon nach der einen Nacht.
Das Zelt eingepackt, so kann ich nun starten,
endlich vorbei das ewige Warten.

Am Fuße des Berges stehe ich nun,
den Aufstieg beginnen, ich werd es jetzt tun.
Mit vollem Gepäck, zwanzig Kilo sind's wohl,
nach einigen Schritten ich mich erst einmal erhol.
Die mühseligen Wege, Serpentin bis ganz weit,
die Schritte für sich rauben Kraft und viel Zeit.

Ein Bein vor das andere, so geht's Stück für Stück,
guck nur auf den Boden und niemals zurück.
Die Hände zur Hilfe drücken mich raus,
bei jedem Schritt helfen sie aus.
Der Berg ist so steil, man glaubt es fast nicht,
beim Gehen auf vieren streift Graß mein Gesicht.

Pausen gibt's viele, ich brauche sie dringend,
such dabei nach Kraft und Luft händeringend.
Nach einer Weile, ein Stück ist geschafft,
doch ein Teil vom Fels aus dem Hang klafft.
Das Gehen wird zum Klettern, zwar in leichter Form,
doch durch das Gepäck erschöpf ich enorm.
Jeder Tritt, jeder Griff ist ein Kampf für sich,
ein Ende des Weges seh' ich noch nich'.

Dies Stück geschafft und ich fühl es genau,
die Steigung wird seichter, das Umfeld wird rau.
Die Bäume ganz klein, vereinzelt sie stehen,
große Pflanzen und Wälder mit der Höhe vergehen.
Den Wald ganz verlassen, im oberen Gebiet,
in die Weite und Aussicht bin ich einfach verliebt.
Nach diesen Strapazen des Aufstieges nun,
werd ich mich ganz genüsslich ausruh'n.
Ob ich weiter geh oder doch hier verweil,
ich entscheide spontan, der Rest wird noch steil.

Geröllfeld

Mein Weg führt mich weiter, den Berg steil hinauf.
Es wird hier schon kälter, Wind zieht schnell auf.
In dieser Höhe wächst kaum noch ein Baum,
hier kann man die endlose Weite bestaun.
Was hier noch schmückt, an Farbe und Gewächs,
sind flache Sträucher und etwas Geäst.

Die Gegend ist kahl, fast ganz ohne Grün,
aber auch sie kann tiefe Schönheit versprüh'n.
Der Fels und der Schotter, der überall liegt,
welch Erfurcht und Staunen mich überfliegt.
Die große Macht von festem Gestein,
es ist ganz besonders ihr so nah zu sein.
Die unwirkliche Gegend, so fremd und voll Kraft,
von den Mächten der Berge geformt und erschafft.

Diese besondere Landschaft birgt mächtig Gefahr,
die Umstände sind anders, das ist ganz klar.
Mit Ehrfurcht und Demut folg ich meinem Weg,
geh einfach weiter, meinen Pfad zurück leg.
Ein paar hundert Meter auf dem Geröllfeld,
Wolken ziehen auf, meine Umsicht zerfällt.

Orientiert mit dem Auge an einem fern liegenden Punkt,
doch diesen hat nun der Nebel verschlung.
Ich kann ihn nicht erkennen, jetzt ist es geschehen!
Wie soll ich jetzt richtig weiter gehen?
Wonach kann ich gucken, mach meinen Weg fest,
wenn die schwache Sicht kein orientieren zulässt?
Den Weg zurück, den find ich auch nicht,
alles sieht gleich aus, bei so kurzer Sicht.

Mir bleibt nur zu warten, mit Suppe und Tee,
wenigstens hab ich Kocher und Wasser, damit ich hier besteh.
Eine Stunde wart' ich, es ist wahrlich nicht leicht,
ohne zu wissen ob die Sicht heut noch reicht.
Nun endlich verzieht sich die weiße Wand,
schon ist das Ziel auch wieder erkannt.

Nun geh ich weiter, auf der Hut bleibend,
das Geröll in den Wochen die Markierung vertreibend.
Unerkenntlich der Weg, einfach ist das nicht,
wenn der Fels und das Wetter den Weg so verwischt.
So mancher Stein locker und gewiss nicht stabil,
Zeit und Kraft kostet das viel.

Am Ende des Weges nun endlich angekommen,
die Natur und das Wetter intensiv wahr genommen.
Zurückblickend zum Schotter, zum felsigen Pfad,
ein Erlebnis für sich, am heutigen Tag.

Gipfel

Beschwerlich der Weg, uns fragend: „Warum?",
diese Last auf dem Rücken, wir waren ganz stumm.
Keine Kraft zum reden, jeder für sich.
Im Geiste gesagt: „Ich hab Wut auf mich!"
Der Weg im Tal startend, Anstrengung pur,
ausgesetzt den Launen unserer Natur.

Am Nachmittag endlich, es ist geschehen,
ich kann den Gipfel ganz nah vor mir sehen.
Ein paar wenige Schritte sind es noch bis hin,
ich erkenne ihn wieder, des Aufstieges Sinn.
Immer auf's neue diese Anstrengung besiegen,
um am Ende vom Gipfel mit dem Auge zu fliegen.

Oben ankommend, die Beine ganz weich,
erschöpft und durstig ich den Gipfel erreich.
Den Rucksack gelöst, an den Felsen gelehnt,
den Blick in die Ferne, ganz erlöst stehen'd.
Das Gefühl dieser Freiheit, die Höhe geschafft,
der Stolz und die Ehrfurcht – miteinander vollbracht.

Die Höhe erfühlen, ja man kann sie spüren,
wie die Fühler der Ferne den Körper berühren.
Die Augen schließen und den Geruch erkennen.
Die freie Natur! So sollt man es nennen.
Das Rauschen des Windes, über die Gipfel wehend,
die Ohren bis in die Unendlichkeit sehend.
Die Sinne erfahren, jeder für sich,
diesen Traum von Leben und Freiheit im Ich.

Nur ein Weg

Ein Weg entlang dem Waldesrand,
so ruhig, so still und so verkannt.
Er bietet keine Attraktionen,
auch kein zivilisiertes Wohnen.
Keine Läden, man bekommt nichts für Geld,
er trennt einfach nur den Wald vom Feld.

In der Nacht sieht man ihn nicht,
ihm fehlt auch jede Art von Licht.
Die einzigen Quellen, die es gibt,
sind Mond und Sonne, wo er im Hellen liegt.

Dieser Weg zeigt weder Reichtum oder Macht,
jeder ist gleich, ob er träumt oder auch wacht.
Der Mensch, er ist geprägt von Leistungen,
von Stress, von fremden Meinungen.
Sein Leben fest auf Planung aus!
Die Zukunft! Was wird wohl daraus?

Doch einmal diesen Weg gegangen,
ihn gefühlt und Ruhe erlangen.
Das Gefühl - es zeigte sich,
die Freiheit! – die ist wesentlich.
Der Alltag scheint uns ganz normal,
doch der Weg zeigt Leben, du hast die Wahl.

Freude

Der Start einer Tour, über einige Tage,
ein besonderes Gefühl, welches ich erfahre.
Ein Aufsteigen von Erwartung, von Träumen und Sinnen,
für mich wird was Wundervolles beginnen.
Eine Mischung aus Spannung und Aufregung pur,
was geschieht mir die nächste Zeit nur?

Es ist etwas anderes, im Alltag nicht oft,
so manches Ereignis ganz unverhofft.
Es ist die Gewissheit, dass Dinge geschehen,
die ich ganz gewiss nicht kann vorhersehen.

Da ist mal das Wetter, wie flexibel es ist,
Beständigkeit wird dabei redlich vermisst.
Der Regen, die Sonne, Gewitter und Wind,
nur eines ist sicher, dass alle da sind.

Die Menschen der Berge, so angenehm froh,
man trifft solche Leute sonst kaum irgendwo.
Was alle verbindet ist die Freiheit im Leben,
kaum andere Orte können so etwas geben.

Die Spannung der Wege, wohin diese führen,
den Geist des Entdeckers kann dies tief berühren.
Sie führen durch Wälder, Täler und Berge,
demonstrieren die Schönheit, fordern Willen und Stärke.

All' diese Dinge zusammen erleben,
der fröhliche Mensch, er sollte danach streben.
Ein Abenteuer für sich, gibt Erfüllung und Kraft,
genau das ist es, was uns Freude beschafft.

Ameisen

Nach langem Wege, vor drei Tagen begonn',
hab ich mich entspannt auf mein Umfeld besonn'.
Ich rede nicht von dem Ausblick der Höhe,
auch nicht die Ruhe, wohin ich auch gehe.
Ich rede nicht von Freiheit und Frieden,
auch nicht von Entspannung und entscheiden nach belieben.

Was ich sehe, es imponiert mir sehr,
es ist auf dem Boden und wird mehr und mehr.
Haufen aus Nadeln und anderen Dingen,
wo Millionen von Wesen ihren Lebtag verbringen.

Die Ameisenvölker, sie sind eine Kraft,
ein jedes Volk wahre Wunder erschafft.
Die kleinen Tiere, groß wie ein Korn,
im Walde lebend, im Walde gebor'n.

Sie gründen Völker, so groß wie ein Staat,
sie leben als Einheit, es gibt kein Verrat.
Auch gibt's keine Neider, keine Missgunst und Lüge,
sie leisten so Großes, arbeiten ohne Bezüge.
Ihr Volk ist das Zentrum, so wichtig im Leben,
Egoismus und Habgier kann es nicht geben.

Ob Winter, ob Sommer, immer für's Team,
zusammen könn' sie sich das Überleben verdien.
Im Winter begraben unter Mengen von Schnee,
im Frühjahr erwachen, auf's neue besteh'.
Ob Regen in Massen oder Dürre so hart,
sie machen weiter, es ist ihre Art.

Als ich dann nach vorn seh', ich staune schon sehr,
so viele der Haufen, immer mehr und mehr.
Es ist nicht nur ein Volk, welches hier lebt,
es sind so viele, nach Frieden bestrebt.
Alles harmonisch und es funktioniert,
sie wachen und leben - und keiner verliert.
So kann es gehen, jeder gewinnt,
denn jeder nach Wohlsein des Volkes besinnt.
Die kleinen Bewohner, sie zeigen es klar,
die Einheit mit der Umwelt ihr Leben bewahr'.

Nebel

Den Berg hinauf, der Anstieg steil,
nur schwach markiert ist des Weges Pfeil.
Der Pfad auf Schotter, recht schwer zu sehen,
selten ist klar, wo lang ich kann gehen.
Da hilft der Blick in die Ferne mir sehr,
orientieren am Ziel, was will ich mehr.

Doch binnen Minuten, es ist wie Zauberei,
da ist es mit sehen ganz plötzlich vorbei.
Weiße Gebilde rasen geschwind;
die Hänge hinauf, ich laufe jetzt blind.
Nicht einmal zwei Meter erkenne ich noch nach vorn,
ich fühl mich verlassen und direkt verlor'n.

Der Blick ins Tal oder hinauf,
ich seh' nicht einmal die Richtung „Berg auf".
Auch mein Ziel aus dem Sichtfeld verschwunden,
kann meinen Weg nur ganz langsam erkunden.
Ob der Pfad der richtige ist,
jede Kenntnis wird kläglich vermisst.

So tast ich mich langsam und beschwerlich weiter,
der dichte Nebel, ständig mein Begleiter.
Seit Ewigkeit keine Markierung vom Pfad,
ich ganz allein, ohne fremden Rat.
Die einzige Lösung, die ich jetzt nur sehe,
ist, dass ich einfach nicht weiter gehe.
Nicht weiter laufen, einfach nur warten,
besser als jeden Schritt zu erraten.

Nach einiger Zeit, der Nebel verfliegt,
die klare Sicht nun wieder siegt.
Die Sonne dringt bis zu mir hin,
ich versuch zu erkennen, wo ich jetzt bin.
Ich erblicke jetzt wieder die weite Natur,
und stell mir die Frage: „Wo bin ich nur?"

Das Tal

Der Himmel blau, die Sonne klar,
das Gefühl der Freiheit – wunderbar!
Vom Berge kommend mit Blick ins Tal,
es ist einzigartig, und das jedes Mal.
Wenn nach dem Gestein die Wiese beginnt,
sie einlädt zum liegen, nach Urlaub besinnt.
Das Grün des Graßes, die Weite vor Augen,
mit Genuss die frische Talluft aufsaugen.

Mit jedem Schritt der Ebene entgegen,
der weiche Boden, für die Füße ein Segen.
Den steinernen Abhang nun schon überwunden,
die Sonne genießen im Tale hier unten.
An den Seiten des Tals ragen die Berge empor,
bis zum Fuße der Berge wächst das Graß nur.

Die sanften Hügel in Mitte der Wiese,
wie ich diese Leichtigkeit beim Gehen genieße.
Und dazwischen ein Bach, klein und ruhig fließend,
jede Kurve seines Weges genießend.
Ganz unbegangen, kein Mensch ist zu sehen,
kein Pfad auf dem Boden, wo Leute lang gehen.

Mein Weg! Ihn zeigt mir einzig dieser Bach,
ich gehe einfach seiner Fließrichtung nach.
Er schlängelt sich weiter in den Wald der dort ist,
wo der Boden jegliche Sonne vermisst.
Die Baumkronen so stark, hoch und so dicht,
hindurch kommt da nur ganz wenig Licht.

Ich verlass nun die Wiese und geh in den Wald,
auch den Fluss verlasse ich bald.
Zwischen den Bäumen erkenn ich den Weg,
hier sind Menschen, er ist der Beleg.
Ihm folge ich nun, doch in meinem Verstand,
das einsame Paradies, ich hab es erkannt.

Phantasie

Sie beflügelt den Alltag, erzeugt neue Welten,
in welchen ganz neue Gesetze gelten.
Sie erschafft ein Land im Ideal unserer Träume,
wo man die schönen Dinge nicht säume.
Sie erzeugt Glück und Freude für das eigene Leben,
ihr kann man sich voll mit Genuss hingeben.

Phantasie brauchen wir um zu formen was ist,
damit man eigene Träume und Wünsche niemals vergisst.
Sie lehrt und das Leben zu packen, zu lenken,
und über uns selbst einmal tief nachzudenken.
Die neuen Wege, die Phantasie uns zeigt,
immer wieder den Horizont übersteigt.

Die freie Wahl über's handeln und tun,
zu gehen, genießen, arbeiten oder ruh'n.
Ein Leben entscheidet jeden Tag wieder,
was mach ich heut, was wäre mir jetzt lieber.

Bin ich produktiv, oder denke ich nach?
Geh ich nach draußen, oder bleib unter'm Dach?
Philosophier ich im Geiste und träume heut nur,
oder erkunde ich Welt und Natur.

Durch den Einfluss des Alltags, immer nur gleich,
wird die Phantasie des Menschen eingeschränkter und bleich.

Oft hat der Mensch sogar schon verlernt,
zu nutzen die Freizeit, vom Leben entfernt.
Dies gilt es zu finden, mit Phantasie und Verstand,
nur wenige Menschen haben das erkannt.

Aufgaben

Der Mensch in der Natur, so klein und für sich,
an Herausforderungen mangelt es da sicher nich'.
Reduziert auf das, was zum leben er brauch,
Glück und Frieden bringt ihm das auch.

Geblendet im Alltag, von der Zivilisation,
was weiß so ein Mensch über das Leben denn schon?
Hantierend mit Zahlen, mit Worten, mit Stoffen,
Tag für Tag auf einen Sinn hoffen.
Die Kraft und sein Wissen arbeiten für Geld,
da kann er dann kaufen, was nur kurz(!) gefällt.
Doch was schaffen, was reißen, für sich was erbringen,
im Schatten der Wirtschaft wird dies nicht gelingen.
Für Andere handeln, das „Ich" unterdrückt,
ein Wesen der Erde dies nicht tief beglückt.

Der Sinn einer Tat, eines Handelns muss sein,
sich selbst und den Lieben Fortschritt zu verleih'n.
Den Horizont zu beflügeln, sich selbst zu verbessern,
das Meer der Erblindung einfach entwässern.

Eine Zeit in den Bergen - in den Wäldern, eben frei,
bringt neue Prinzipien, neue Ideale herbei.
Wichtige Bedürfnisse einfach zu stillen,
dies ist dabei der oberste Willen.

Warm und trocken will Mensch es haben,
allein dies zu fühlen, man wird nicht mehr klagen.
Essen und Trinken, ein wichtiges Begehr,
ist es vorhanden, braucht man es nicht mehr.
Vielleicht noch für die Nacht, ein Ort zum Verbleib,
ein erholsamer Schlaf, der Erschöpfung vertreibt.

Dies sind die Hürden, die Mensch meistern muss,
dieses zu leisten, ein wahrer Genuss.
Seine Grenzen neu stecken und weiter zu gehen,
mit einfachen Mitteln im Leben bestehen.
Das sind Aufgaben für nicht jedermann,
nur für jenen der richtig leben kann.

Das Leben

Was man zwar weiß, es aber verdrängt,
ist die Vergänglichkeit, die an jedem hängt.
Tag für Tag existieren wir nur,
doch oft fehlt vom Leben jedwede Spur.

Leben bedeutet die Welt zu erkennen,
und nicht jedes Mal im Kreise zu rennen.
Der Mensch in der Wirtschaft, zivilisiert ist er schon,
bezieht dabei fleißig Gelder durch Lohn.
Das macht er nun immer, nur Urlaub gibt's mal,
„Wohin geht es diesmal?" – wichtig ist die Wahl.

Paar Aufgaben des Lebens werden erfüllt,
eigene Wünsche bleiben verhüllt.
Die Ideale des Alltags, interessant mögen sie sein,
aber einen eigenen Sinn können sie nicht verleih'n.

Mensch rüttel dich wach und fordere dich!
Mach dein Selbst einmal ganz wesentlich.
Erkunde die Sinne, erkenne was ist,
erforsche die Wurzeln, woher du bist.

Brech aus, aus dem Alltag, der Maschine die beschränkt,
die von Anfang bis Ende dein Leben lenkt.
Erkunde die Welt und lerne dazu,
dann findest du auch deine geistige Ruh'.
Auf in die Freiheit, öffne dich ihr,
sie ist ganz nah, direkt vor der Tür.

Ein schöner Tag

Angekommen im Dorf, es liegt tief im Tal,
keine Wolke am Himmel, schönes Wetter diesmal.
Kurz vor Mittag zeigt mir die Uhr,
um mich herum gedeiht die Natur.
Ich orientiere mich kurz und schon geh ich los,
rein in die Berge, in den grünen Schoß.

Ein Fluss aus der Höhe fließt auf mich zu,
sein sanftes Rauschen bringt mich zur Ruh'.
Das klare Wasser, wie es fließt,
wie es jede Form des Ufers genießt.

Mein Weg führt flussaufwärts am Ufer entlang,
nebenbei kann ich hören der Vögel Gesang.
Das Grüne der Wiese, es leuchtet im Licht,
diese Stärke und Pracht viel Erholung verspricht.
Die Farben der Blumen, von der Sonne bestrahlt,
jede Blüte für sich erscheint wie gemalt.

Mein Blick Richtung Berge, was ich da seh,
der Fels so beleuchtet und am Gipfel scheint Schnee.
Dies mächtige Weiß, was die Höhe markiert,
ewig und lang über uns triumphiert.
Denn wir kommen und gehen, jedes Jahr neu,
der Schnee bleibt bestehen, bleibt dem Berg treu.

Das Blaue des Himmels, leicht dunkel zeigt's sich,
der Kontrast zu den Bergen gibt diesen Stich.
Der helle Berg und der glänzende Schnee,
betont diesen Himmel, den tief blau ich seh.

Allein dieser Blick steht für Schönheit pur,
so etwas bietet uns nur die Natur.
Dies zu genießen gibt Leben und Spaß,
ohne dem fehle uns was.
Kein Foto, kein Wort kann annähernd geben,
was wir dabei bekomm und erleben

Der Schlaf

Müde leg ich mich um 8 Uhr zur Ruh,
wie es so ist – krieg kein Auge zu.
Die erste Nacht seit langem und allein,
muss mich dran gewöhn wieder im Freien zu sein.
Der Boden nicht eben, holprige Stellen gibt's viel,
die beste Lage zu finden ist nun mein Ziel.

Nach einer Weile, ich lieg jetzt recht gut,
drückt mir die Blase, ich spüre leicht Wut.
Verlass' nun das Zelt und geh meiner Dinge,
danach ich nun langsam das Schlafen erzwinge.
Die Augen zu, der Körper liegt still,
schlafen und träumen ist das was ich will.

So wird es nix, ich merke es schnell,
fühl mich so munter als wär' es taghell.
Ich folg meinen Gedanken, nehme Spannung von mir,
so langsam ich nun das Bewusstsein verlier.

Nicht viel später, ein plötzlicher Laut,
als ob jemand an die Zeltwand dran haut.
Ich nun wieder wach und hör genau hin,
alles ruhig und wieder mit schlafen beginn.

Mitten des Nachts, ein Schmerzen am Rücken,
etwas am Boden tut mich irgendwie drücken.
Zur Seite gelegt und weiter im Schlaf,
jetzt zähl ich einfach mal jedes Schaf.

Zeitig in der Früh, etwas heller wird's schon,
pfeifen die Vögel, hab mein Schlaf wieder verlor'n.
Nach paar Minuten gewöhn ich mich dran,
schlaf wieder ein, ignorier den Gesang.

Noch etwas geruht und ich steh nun auf,
welch unruhige Nacht, welch chaotischer Verlauf.
Und doch kann ich ganz sicher sagen,
Die schönste Nacht seit Langem, kann mich nicht beklagen.

Berghütte

Ein paar Stunden Weg stecken bereits in den Füßen,
während dieser Zeit konnt ich so Manches genießen.
Doch nun sehnt es mich danach zu sitzen,
meine Kehle mit etwas Kaltem zu bespritzen.

Mir ist nach essen, träumen und reden,
die Gesellschaft mit Menschen einfach erleben.
Mit Menschen wie mich, die die Berge so lieben,
die im Gefühl des Herzens so gerne hier blieben.

Laut Karte seh ich eine Berghütte stehen,
bewirtet und bekannt, ich werde hin gehen.
Sie ist gut gelegen, bei einer Alm am See,
mit Menschen wie mich, die ich gut versteh.
Die Sonne scheint klar, draußen sitzen geht wohl,
freu mich auf das Getränk, das ich mir dort hol'.

Die letzte Kurve geschafft, ich erkenn sie bereits,
vom See gesehen steht die Hütte linksseits.
Mein Schritt wird schneller, ich steuer drauf zu,
die Plätze am See versprechen Entspannung und Ruh.

Die Hütte erreicht, den Platz gefunden,
gelohnt haben sich die letzten Stunden.
Die Pause verdient, mein Bier schon gebracht,
das Herz in der Brust ganz glücklich lacht.
Ich sehe mich um, seh die Menschen an,
warte etwas, das essen kommt dann.

Umgeben von den Bergen, in Sonne gesenkt,
mein Blick weiter zum See hin gelenkt.
Die Berge, der Himmel, alles spiegelt sich drin,
zu denken und träumen kommt mir in den Sinn.

Etwas Später kommt jemand an den Tisch zu mir,
lächelnd und offen order ich ihm ein Bier.
Was er mir erzählt, es interessiert mich sehr,
er redet über Berge, was will ich mehr?

Einfach machen

Oft haben wir Träume, oder haben Ideen,
kommen wir diesen nicht nach, werden diese vergeh'n.
Wir haben Wünsche, stellen uns manches vor,
eine Rolle dabei spielt oft die Natur.

In Gedanken sehen wir uns Ziele erreichen,
sehen uns klettern oder durch Wälder schleichen.
Stellen uns vor, nachts im Walde zu liegen;
oder mit dem Blick vom Gipfel zu fliegen.
So mancher sehnt sich die Wurzeln zu brechen,
mit Rucksack in Richtung Freiheit zu stechen.

Leider sind diese Gedanken meistens zu schwach,
oft kommen die Menschen diesen nicht nach.
Zu schwach sind sie, weil der Alltag gewichtet,
sodass der Mensch zu schnell drauf verzichtet.
Ausreden und Gründe häufen sich stark,
warum man den Träumen nicht nachgeben mag.

Zu alt, die Arbeit, Familie und Freunde,
alles Gründe, dass man die Träume leugne.
Das Geld, die Wohnung, die Pflichten, das Haus,
aus diesen Strukturen geht man lieber nicht raus.
Zu viel aufgebaut, der Zeitpunkt nicht gut,
lieber Sicherheit, statt übertriebener Mut.

Doch es kommt der Punkt, da wird es klar,
das Leben schwindet, Jahr für Jahr.
Vorsicht und Verzicht, es gibt Sicherheit,
aber Ausgleich diese Haltung nicht ewig verleiht.

Seine Träume umsetzen, es einfach mal tun,
es ist besser als auf Sicherheit zu ruhn.
Denn eines ist klar, wir bereuen nur das,
was man im Laufe des Lebens immer unterlass.
Einfach machen, den Gedanken nachgehen,
weiter geht's immer, wie wird man sehen.

Zufriedenheit

Wann hat ein Mensch Zufriedenheit,
was ihm die sanfte Ruhe verleiht?
Wie kann er ausgeglichen sein,
was kann ihm dieses wohl verleih'n?
Wo findet man den Seelenfrieden,
wenn man träumt frei und nach belieben?

Frei von Gedanken, frei im Gefühl,
dieses hilft dabei schon viel.
Bedürfnisse gesättigt haben,
das ist eine der wichtigen Vorgaben.
Aufgaben erledigt und frei von Pflicht,
ohne dieses geht es nicht.

Die Berge, der Wald, Weg aller Dinge,
wo niemand Unnötiges vollbringe.
Dort tun wir das was wichtig ist,
darüber raus wird nix vermisst.
Kein unnötig Ding, was auf uns lastet,
was im Kopf auf ewig rastet.

Nur ein Platz, der zum Schlafen reicht,
so was findet sich ganz leicht.
Etwas zu essen, möglichst warm,
Wohlsein wird man nun erfahr'n.
Noch etwas Wärme, vor Wetter geschützt,
weiter wird dann nix vermisst.

So manches fordern wir im Leben ein,
vieles davon kann nicht wichtig sein.
Draußen frei in der Natur,
da brauchen wir ganz wenig nur.
Mit etwas Arbeit und mit Kraft,
so wird Zufriedenheit geschafft.

Gefühl

Wenn ich einen Weg beschreite,
ihn bis zu seinem Ziel begleite.
Wenn ich seine Aussicht genieß,
bei Pausen diese Rast begieß.
Wenn er mir seine Tücken zeigt,
wovor man sich ehrfürchtig verneigt.
Wenn der Weg seine Schönheit bringt,
etwas, was ihm sofort gelingt.

Was ich empfinde ihn zu gehen,
mit Worten nur schwer zu verstehen.
Ein Gefühl der Geborgenheit,
was mir sehr viel Kraft verleiht.
Ein Partner der bei mir ist,
Den man so schnell nicht mehr vergisst.
Ein ehrlicher vertrauter Freund,
ohne ihn hätt ich was versäumt.

Er bringt mich zu dem Ziel am Ende,
führt mich durch tiefes Gelände.
Am Gipfel oben, ich genieß diesen Blick,
denk aber gern an meinen Weg zurück.
Sein Eindruck und Wesen zeigte sich mir,
ganz persönlich allein, da waren nur wir.

Das Gefühl dabei, ganz besonders und neu,
diesen Erfahrungen bleibe ich treu.
Sie sind tief im Herzen verankert und fest,
etwas was mich nie mehr verlässt.
Selten spürt man so klares Gefühl,
Ein Traum im Leben, es gibt mir so viel.

Abenteuer

Was vielen heute fehlt im Leben,
Es ist die Spannung, das Besondere eben.
Tag für Tag im gleichen Stil,
Abwechslung gibt's da nicht viel.

So richtig mal auf sich gestellt,
nur die Fähigkeit die Weichen stellt.
Was man selber schaffen kann,
da hängt das Wohlbefinden dran.
Ein Erlebnis, unbestimmt und frei,
etwas, das ganz speziell auch sei'.
Es fordert den Mensch in allen Belangen,
sein Ziel kann er nur selbst erlangen.
In eigener Hand liegt der Weg den man wählt,
etwas, das man mal mit Stolz erzählt.

Die Berge und Wälder bieten die Bühne,
wo man sich jeden Triumph wohl verdiene.
Die Grenzen erfahren und sie dann neu stecken,
ein eigenes Abenteuer kann dieses bezwecken.
Was geschieht heut, was erwartet mich morgen,
Die Spannung darauf kann Abenteuer besorgen.

Im Alltag die Planung, Beständigkeit pur,
wo bleibt das freie Leben da nur?
Das gleiche Frühstück, die gleiche Zeit,
Tag um Tag für andere bereit.
Das eigene Schicksaal nicht in eigener Hand,
wahre Abenteuer aus der Zivilisation verband.

www.ingramcontent.com/pod-product-compliance
Lightning Source LLC
Chambersburg PA
CBHW031548210526
45464CB00003B/1203